Impressum
Verlag: BABADADA GmbH, Nedderfeld 112 , 22529 Hamburg
Geschäftsführer / Verlagsleitung: Harald Hof
Druck: Books on Demand GmbH, In de Tarpen 42, 22848 Norderstedt

Imprint
Publisher: BABADADA GmbH, Nedderfeld 112 , 22529 Hamburg, Germany
Managing Director / Publishing direction: Harald Hof
Print: Books on Demand GmbH, In de Tarpen 42, 22848 Norderstedt

colegio
dugsi

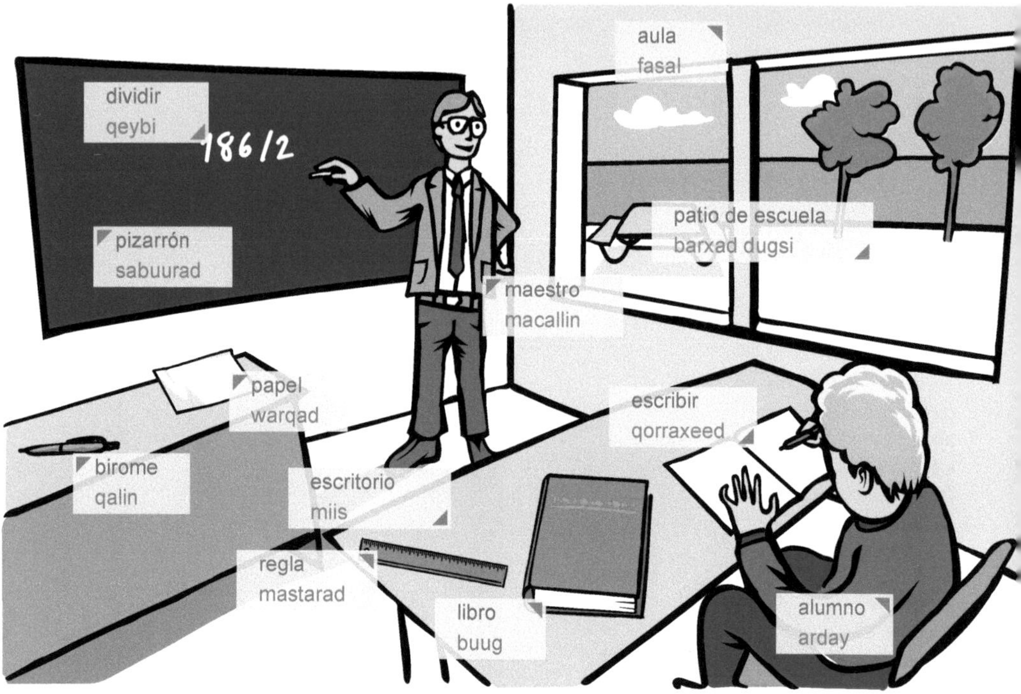

aula
fasal
dividir
qeybi
186/2
pizarrón
sabuurad
patio de escuela
barxad dugsi
maestro
macallin
papel
warqad
escribir
qorraxeed
birome
qalin
escritorio
miis
regla
mastarad
libro
buug
alumno
arday

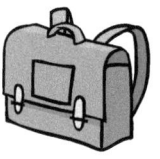

mochila

boorso

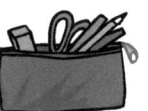

caja de lápices

kiis qalin-qori

lápiz

qalin-qori

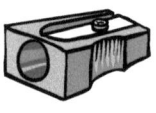

sacapuntas

koobka qalin qor

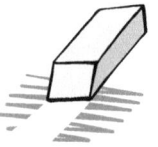

goma (de borrar)

titirre

bloc de dibujo

buugga sawirka

dibujo

sawirid

pincel

burushka midabaynta

caja de pinturas

gasaca midabaynta

tijera

maqasyo

pegamento

koollo

cuaderno de ejercicios

buug qoraal

tarea

shaqo-guri

número

lambar

sumar

ku dar

restar

ka jar

multiplicar

ku dhufo

calcular

xisaabi

letra

warqad

abecedario

alifbeeto

palabra

erey

texto

qoraal

leer

akhri

tiza

jeesto

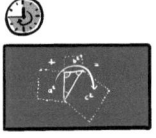

lección

cahsar

cuaderno de clase

diiwaan

examen

imtixaan

certificado

shahaado

uniforme escolar

direes dugsi

educación

waxbarasho

enciclopedia

diwaan mowduuceed

universidad

jaamacad

microscopio

mayskariskoob

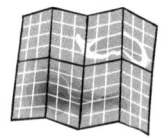

mapa

khariidad

tacho (de basura)

haan qashin-gur

viaje
safar

hotel
hoteel
hostel
hoteel jiif-cunto
casa de cambio
xafiiska sarrifaka lacagaha
valija
shandad-dhar
auto
baabuur
Grand
ROOMS
EXCHANGE

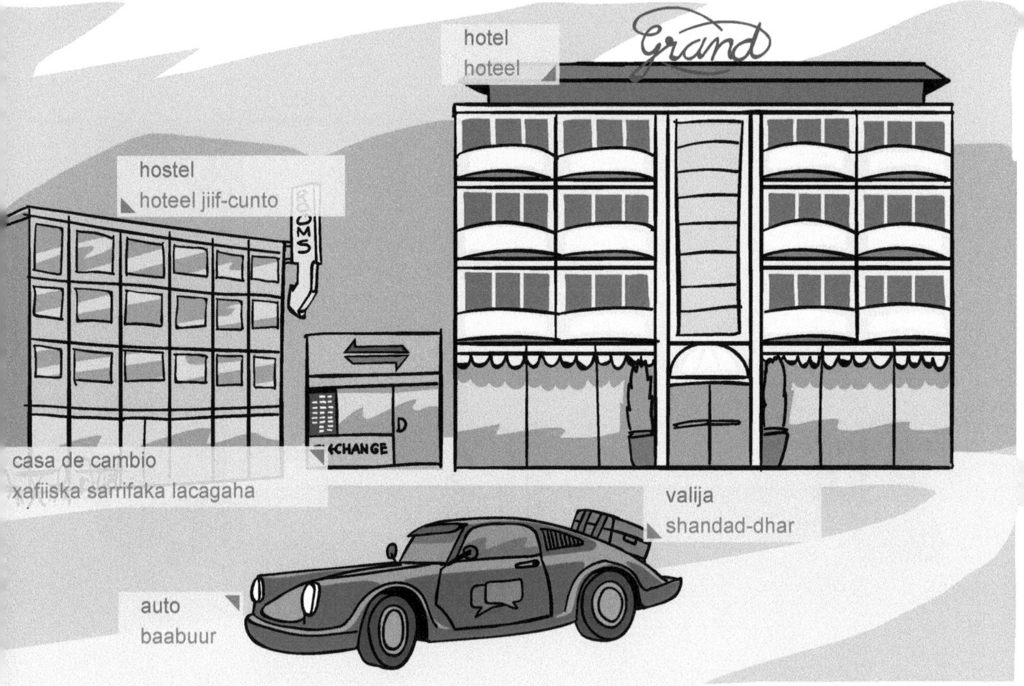

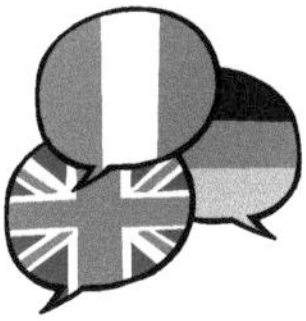

idioma
luuqad

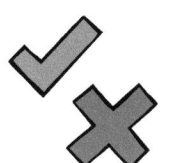

sí / no
haa / maya

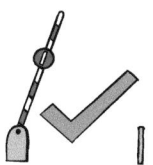

Está bien
Hagaag

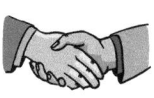

hola
nabad miyaa

traductor
turjumaan

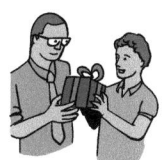

Gracias
Waad mahadsan tahay

¿cuánto cuesta…?

waa immisa…?

No entiendo

ma aanan fahamin

problema

dhibaato

¡Buenas tardes!

galab wanaagsan!

¡Buenos días!

subax wanaagsan!

¡Buenas noches!

habeen wanaagsan!

adiós

nabad gelyo

dirección

jiho

equipaje

alaabo

bolso

boorso

mochila

boorso-dhabar

invitado

marti

habitación

qol

bolsa de dormir

katiifad

carpa

teendho

información turística

xog dalxiis

playa

xeebta

tarjeta de crédito

kaar amaah

desayuno

quraac

almuerzo

qado

cena

casho

pasaje

rasiid

ascensor

wiish

sello

tiimbare

frontera

xuduud

aduana

qeybta-canshuur-bixinta

embajada

safaarad

visa

dal ku gal

pasaporte

baasaboor

transporte
gaadiid

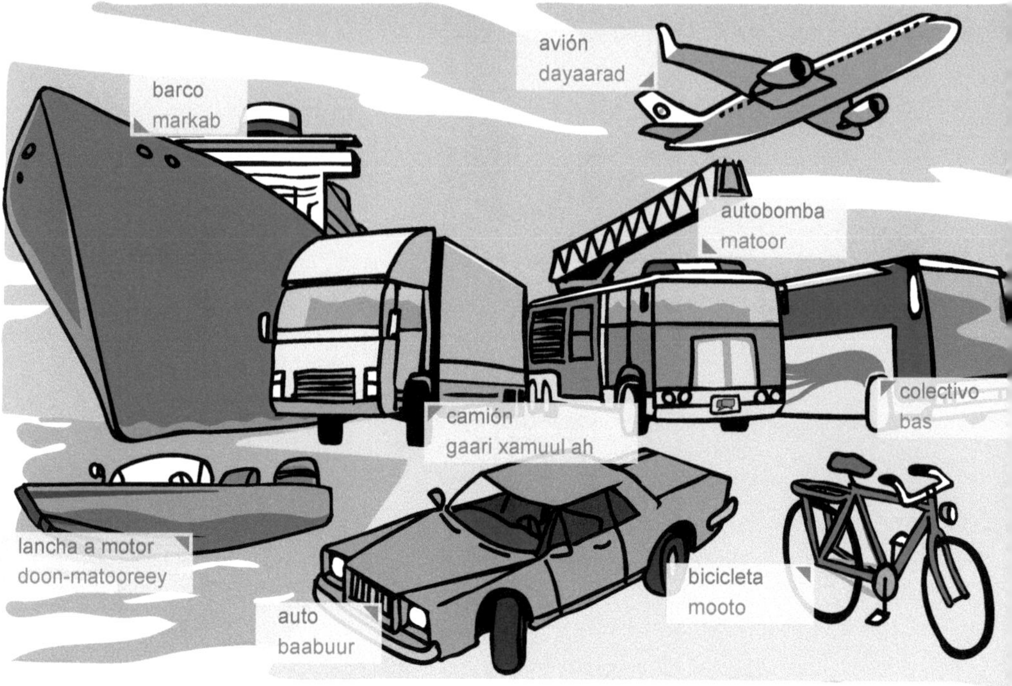
avión
dayaarad
barco
markab
autobomba
matoor
colectivo
bas
camión
gaari xamuul ah
lancha a motor
doon-matooreey
bicicleta
mooto
auto
baabuur

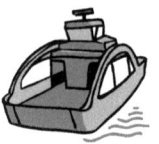

ferry

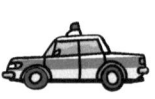

doon

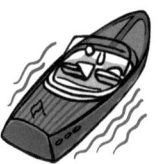

bote

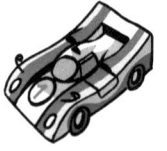

doonnida

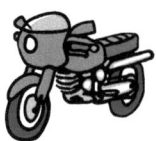

moto

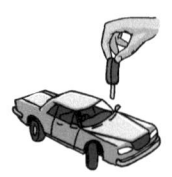

mooto

patrullero

baabuur booliis

auto de carreras

baabuur baratan

auto de alquiler

baabuur la-kiraysto

alquiler de autos

gaadiid-wadaag

grúa

wiishle

camión de basura

gaari qashin-gure

motor

matoor

nafta

shidaal

estación de servicio

ajib

señal de tránsito

calaamad taraafiko

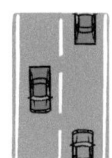

tránsito

taraafiko

embotellamiento

jaam baabuur

estacionamiento

baarkin-baabuur

estación de tren

boosteejo tareen

vías

waddo-tareen

tren

tareen

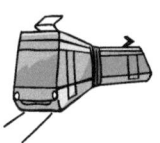

tranvía

taraam

vagón

gaari faras

helicóptero

helikobtar

aeropuerto

garoonka dayuuradaha

torre

manaarad

pasajero

rakaab

contenedor

weel

caja de cartón

kartoon

carretilla

gaari faras

canasta

dambiil

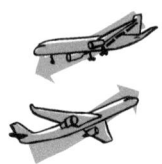

despegar / aterrizar

kicid / degis

ciudad

magaalo

pueblo

tuulo

centro de ciudad

faras magaale

casa

guri

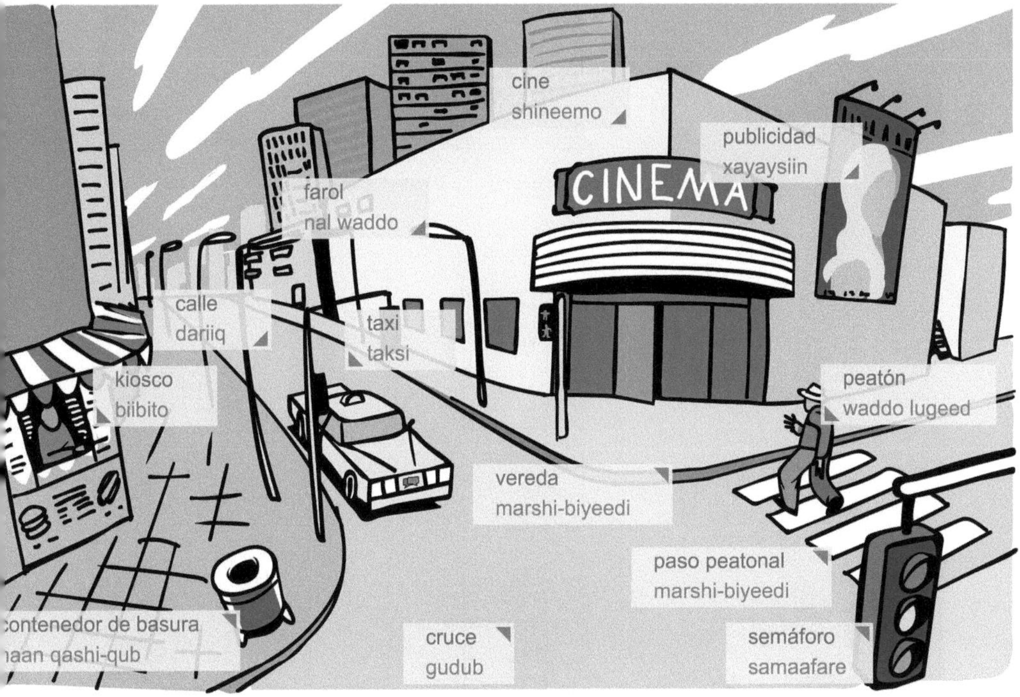

cine
shineemo

publicidad
xayaysiin

farol
nal waddo

calle
dariiq

taxi
taksi

kiosco
biibito

peatón
waddo lugeed

vereda
marshi-biyeedi

paso peatonal
marshi-biyeedi

contenedor de basura
haan qashi-qub

cruce
gudub

semáforo
samaafare

cabaña

mundul

departamento

dabaq

estación de tren

boosteejo tareen

municipalidad

xarunta dowladda-hoose

museo

matxaf

colegio

dugsi

ciudad - magaalo

universidad

jaamacad

banco

bangi

hospital

isbitaal

hotel

hoteel

farmacia

farmasi

oficina

xafiis

librería

buug shoob

negocio

dukaan

florería

dukaan ubax

supermercado

carwo

mercado

suuq

grandes tiendas

suuq weyne

pescadería

kalluun-iibshe

centro comercial

suuq

puerto

furdo

parque

jardiino

banco

kursi

puente

buundo

escaleras

jaraanjaro

subte

waddo-tareen-hoosaad

túnel

waddo-dhul hoose

parada del colectivo

boosteejo

bar

baar

restaurante

makhaayad

buzón

sanduuq boosto

letrero

calaamad waddo

parquímetro

joogid-cabbire

zoológico

beer-xayawaan

pileta

barkad dabbaalasho

mezquita

masaajid

granja
beer

contaminación
naqas

cementerio
qabuuro

iglesia
kaniisad

juegos infantiles
garoon

templo
macbad

paisaje
muqaal-dhireed

hoja
caleen

poste indicador
calaamad-waddo

camino
waddo

pradera
seere

piedra
dhagax

árbol
geed

excursionista
buur korre

río
webi

hierba
caws

flor
ubax

valle

dooxo

montaña

buur

lago

laag

bosque

kayn

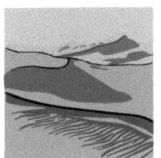

desierto

saxare

volcán

foolkaano

castillo

qasri

arco iris

qaanso-roobaad

champiñón

barkin-waraabe

palmera

geed timireed

mosquito

kaneeco

mosca

duqsi

hormiga

qoraanjo

abeja

shinni

araña

caaro

escarabajo

dameer-duudeey

rana

rah

ardilla

dabagaalle

erizo

kashiito

liebre

dabagaalle

lechuza

guumeys

pájaro

shimbir

cisne

boolo-boolo

jabalí

doofaar-jilibeey

ciervo

deero

alce

faras-duur

presa

biyo-xireen

aerogenerador

tamar-dhaliye

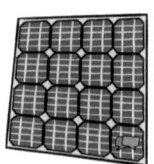

panel solar

soollar

clima

cimilo

restaurante
makhaayad

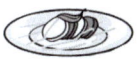

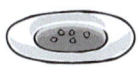

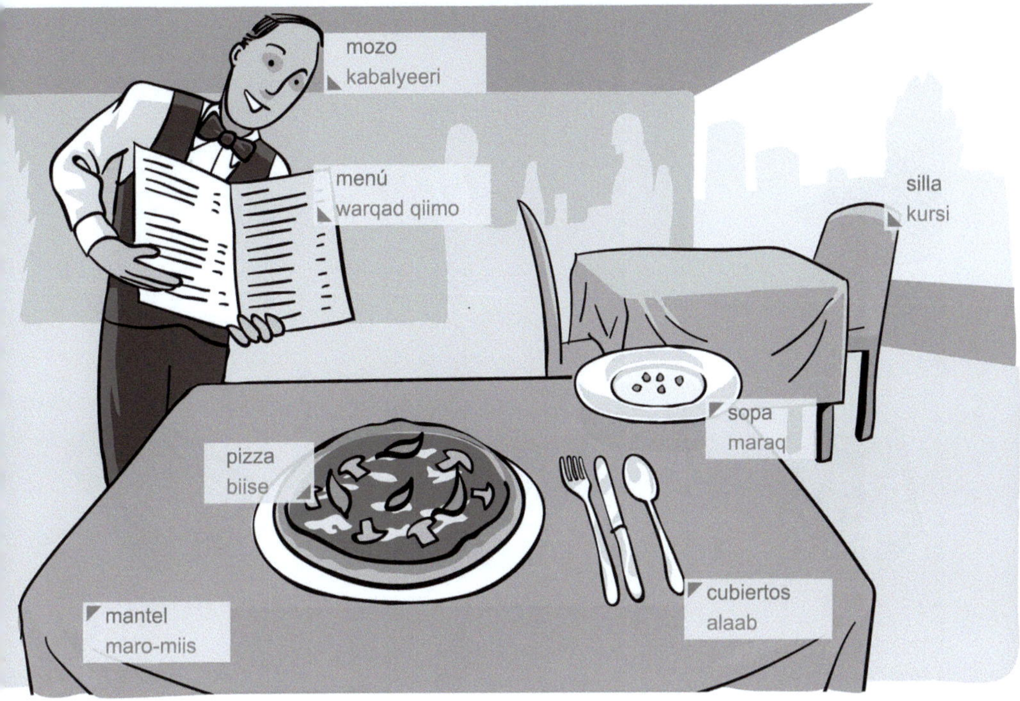
mozo
kabalyeeri
menú
warqad qiimo
silla
kursi
sopa
maraq
pizza
biise
cubiertos
alaab
mantel
maro-miis

entrada

af-billow

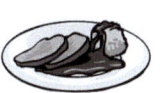

plato principal

cunto bariimo

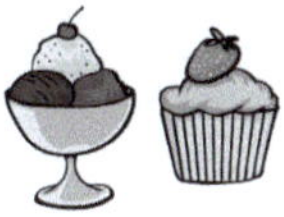

postre

macmacaan

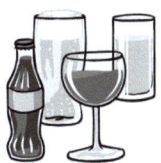

bebidas

cabitaan

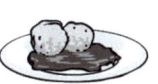

comida

cunto

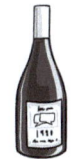

botella

dhalo

comida rápida

cunto diyaarsan

comida callejera

cunto-waddo

tetera

jalmad shaah

azucarera

weelka sonkorta

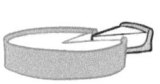

porción

qayb

cafetera expreso

mashiinka isbareesada

sillita alta

kursi dheer

cuenta

biil

bandeja

tereey

cuchillo

mindi

tenedor

fargeeto

cuchara

qaaddo

cucharita

malqacad-shaah

servilleta

shukumaan miis

vaso

galaas

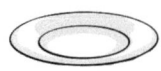

plato

saxan

plato hondo

saxanka maraqa

plato

saxan

salsa

suugo

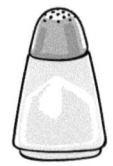

salero

weelka cusbada

molinillo de pimienta

basbaas shiide

vinagre

fixiye

aceite

saliid

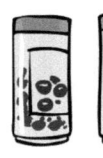

especias

dhandhanaan

kétchup

suugo

mostaza

mastaard

mayonesa

mayoonees

supermercado

carwo

oferta especial
qiima dhimis qaas ah
FOR
cliente
macmiil
lácteos
caano
fruta
miro
changuito
gaariga adeega

BUTCHERS

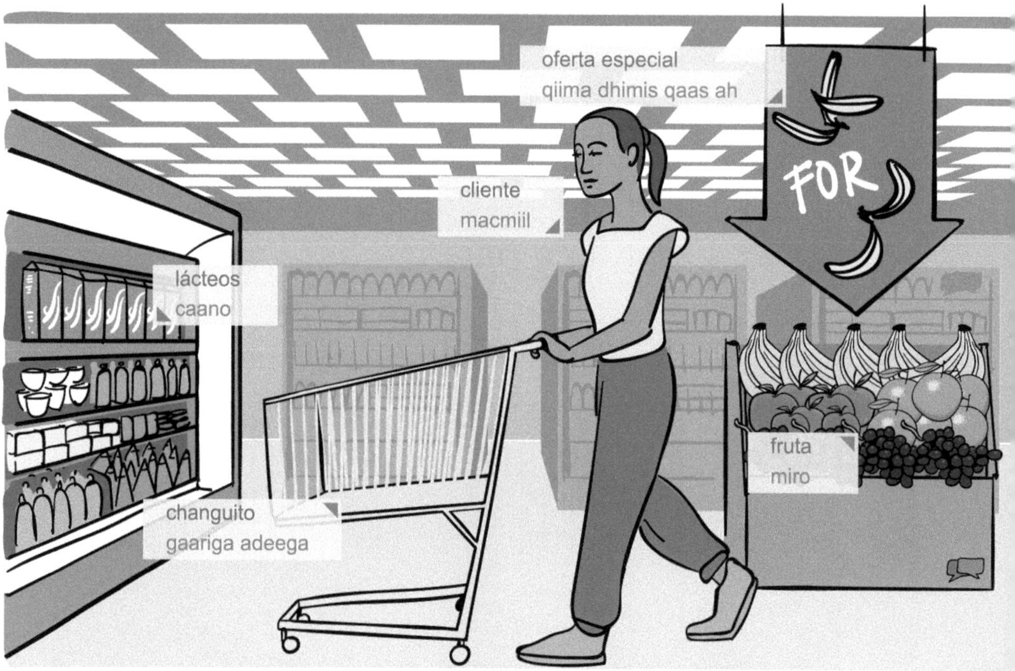

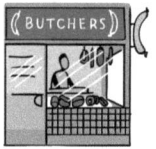

carnicería

kawaan

BAKERY

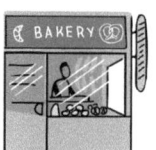

panadería

foorno

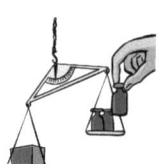

pesar

cabbir

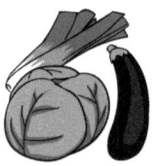

verduras

khudaar

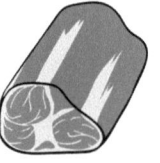

carne

hilib

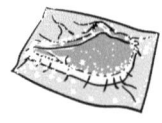

alimentos congelados

cunto la qaboojiyay

fiambres

hilibka qadada

alimentos enlatados

cunto gasacadeysan

detergente en polvo

oomo

golosinas

macmacaan

electrodomésticos

alaabada guri

productos de limpieza

alaabo nadaafad

vendedora

iibshe

caja

diiwaan lacagta

cajero

qasnaji

lista de compras

liis adeeg

horario de atención

saacadaha shaqo

billetera

shandada jeebka

tarjeta de crédito

kaar amaah

cartera

bac

bolsa de plástico

bac

agua

biyo

jugo

casiir

leche

caano

bebida cola

kooka-kola

vino

khamri

cerveza

biir

alcohol

khamri

cacao

kooke

té

shaah

café

kafee

café expreso

isberesso

cappuccino

koobishiin

banana

muus

manzana

tufaax

naranja

liin-bambeelmo

melón

qare

limón

liin

zanahoria

karooto

ajo

toon

bambú

baambuu

cebolla

basal

champiñón

barkin-waraabe

nueces

loos

fideos

baasto

tallarines

baasto

arroz

bariis

ensalada

salar

papas fritas

jibsi

papas fritas

baradho shiilan

pizza

biise

hamburguesa

haambeegar

sándwich

saanwij

churrasco

hilib-jiir

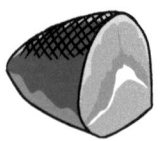

jamón

hilib-doofaar

salame

salami

salchicha

sooseej

pollo

hilib-digaag

asado

duban

pescado

kalluun

copos de avena

sareenta mashaarida

muesli

quraac isku-dhafan

copos de maíz

daango

harina

bur

medialuna

nooc rooti ah

pancito

rooti

pan

rooti

tostada

rooti-la-kulluleeyey

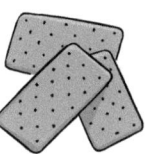

galletitas

buskud

manteca

subag

cuajada

hanti

torta

doolsho

huevo

ukun

huevo frito

ukun shiilan

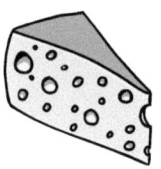

queso

burcad

helado

jalaato

azúcar

sonkor

miel

malab

mermelada

malmalaado

pasta de chocolate

labeen macmacaan

curry

suugo

granja
beer

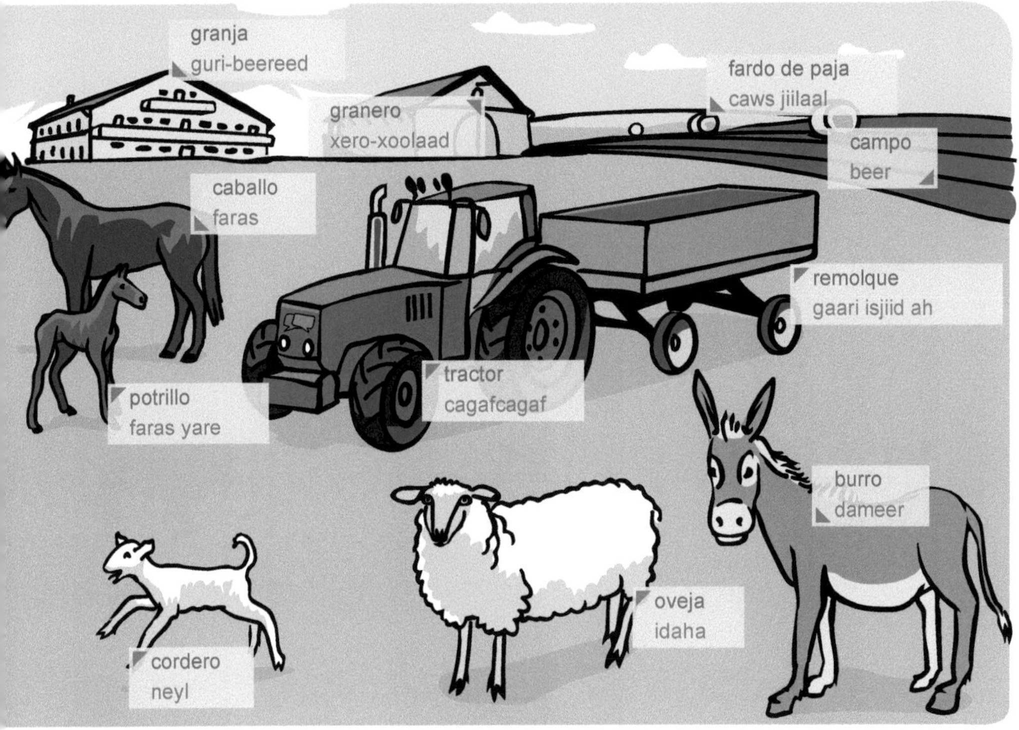
granja
guri-beereed
granero
xero-xoolaad
fardo de paja
caws jiilaal
campo
beer
caballo
faras
remolque
gaari isjiid ah
tractor
cagafcagaf
potrillo
faras yare
burro
dameer
oveja
idaha
cordero
neyl

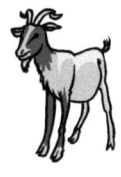

cabra

ri'

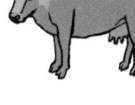

vaca

sac

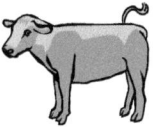

ternero

weyl

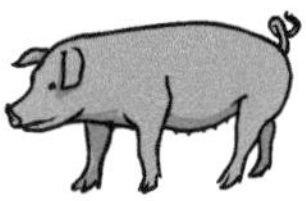

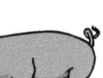

cerdo

doofaar

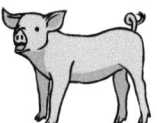

lechón

dhal doofaar

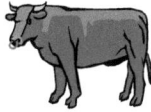

toro

dibi

ganso

bawaato lab

pato

bawaato

pollo

jiijiile

gallina

digaag

gallo

diiq

rata

doolli

gato

bisad

ratón

jiir

buey

dibi

perro

eey

cucha

hoyga eeyga

manguera

tuubbo waraab

regadera

sakeelka waraabinta

guadaña

gudin

arado

carro-roge

hoz

gudin

azada

yaambo

horquilla

fargeeto caws-beereed

hacha

faas

carretilla

gaari -gacan

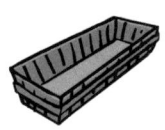

abrevadero

dar

lechera

dhalada caanaha

bolsa

jawaan

reja

deer

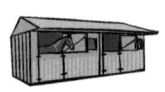

establo

xero xooleed

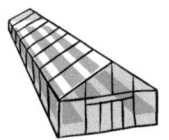

invernadero

gur-biqlin-dhireed

suelo

ciidda

semilla

abuuka

fertilizador

bacrimiye

cosechadora

cagafta beer-goynta

cosechar

beer-goyn

cosecha

beer-gooyn

batatas

moxog

trigo

sarreen

soja

soya

papa

baradho

maíz

galley

semilla de colza

geed-saliideed

árbol frutal

geed mirood

mandioca

moxog

cereales

firiley

casa

guri

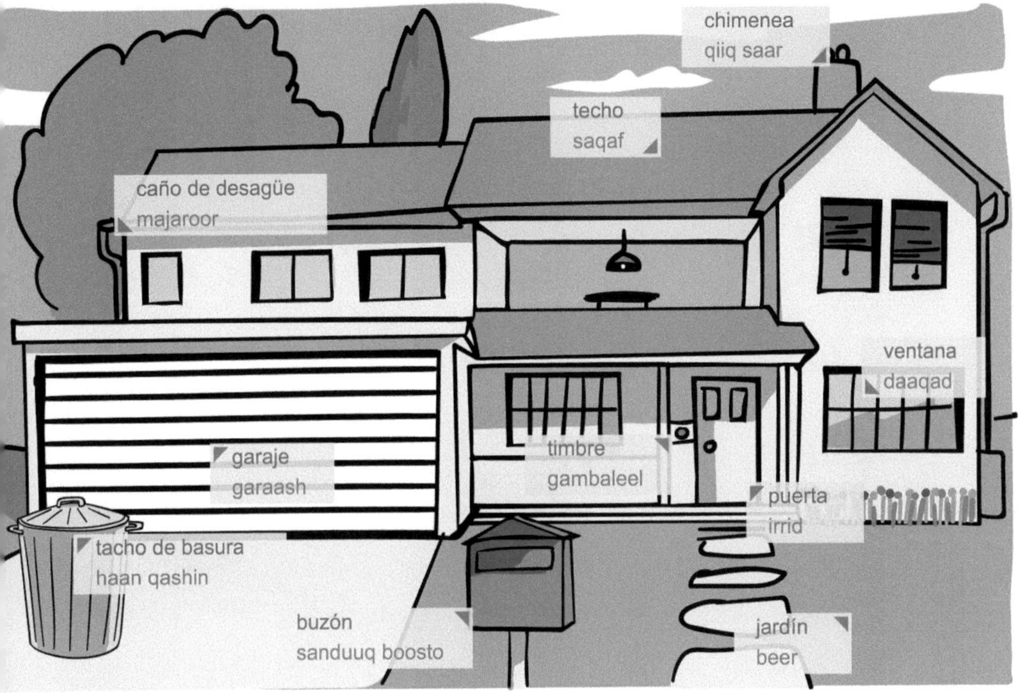
chimenea
qiiq saar
techo
saqaf
caño de desagüe
majaroor
ventana
daaqad
timbre
gambaleel
garaje
garaash
puerta
irrid
tacho de basura
haan qashin
buzón
sanduuq boosto
jardín
beer

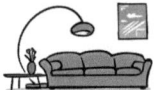

living

qol jiib

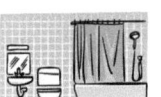

baño

musqul-qubeys

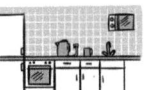

cocina

jiko

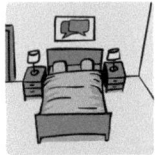

dormitorio

qolka jiifka

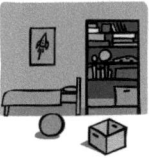

cuarto de los chicos

qolka ilmaha

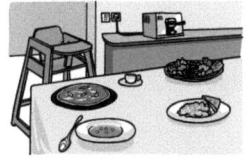

comedor

qolka cuntada

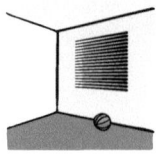

piso

sagxad

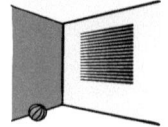

pared

derbi

cielorraso

saqaf

sótano

makhaasiin

sauna

soona

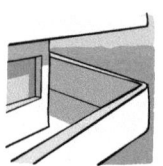

balcón

balakoon

terraza

daarad

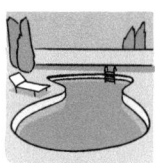

pileta

barkad

cortadora de pasto

caws-jare

sábana

buste

acolchado

go'

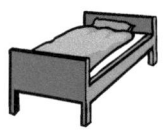

cama

sariir

escoba

xaaqin

balde

baaldi

interruptor

daare-damiye

living
qol jiib

empapelado
sharaaxd-derbi
imagen
sawir
lámpara
feynuus
estante
qaanad
armario
armaajo
televisión
telefiishan
chimenea
dab-shid
flor
ubax
almohadón
barkin
sofá
fadhi-carbeed
florero
dheri-ubax
control remoto
rimuud

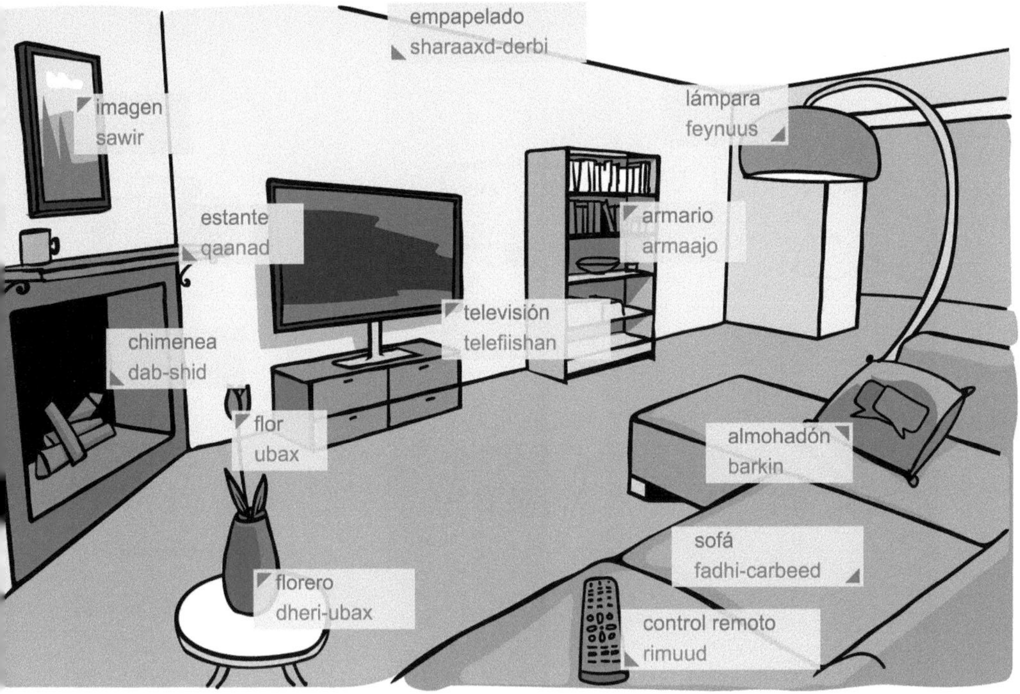

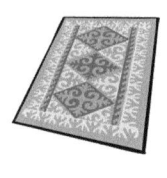

alfombra

roog

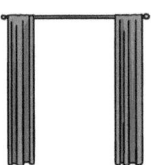

cortina

daah

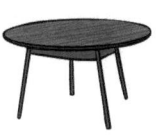

mesa

miis

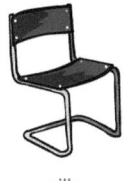

silla

kursi

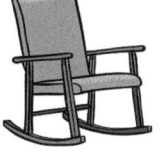

mecedora

kursi wareega

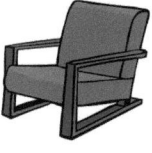

sillón

kursi fadhi

libro
buug

frazada
buste

decoración
qurxin

leña
xaabo

película
filin

equipo de música
cod-baahiye

llave
fure

diario
wargeys

pintura
rinjiyeyn

póster
tabeelo

radio
raadiye

cuaderno
xusuus-qor

aspiradora
huufar

cactus
tiitiin

vela
shumac

cocina
jiko

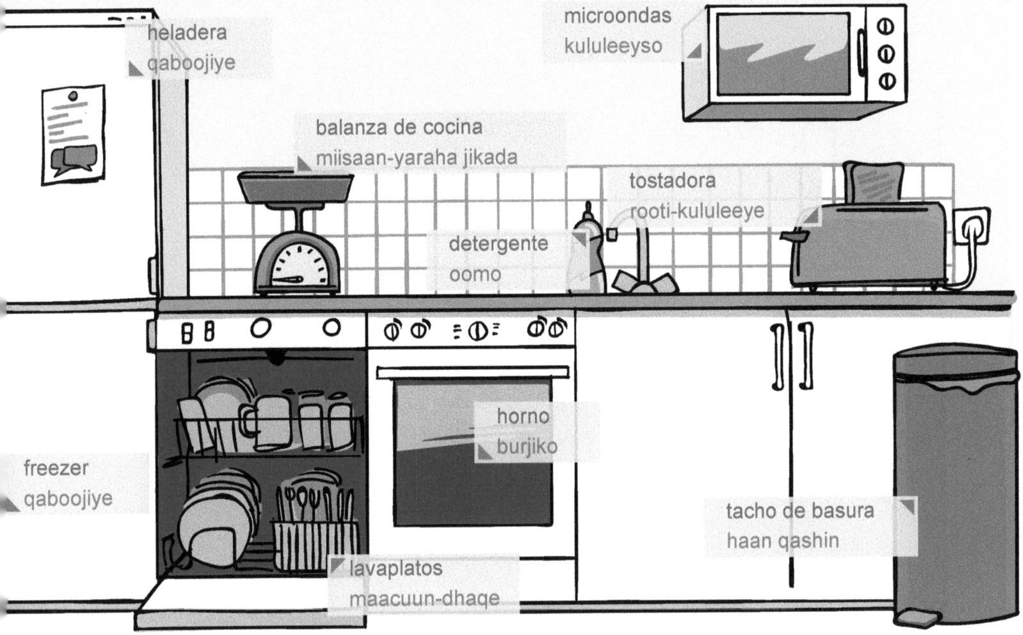
heladera
qaboojiye
microondas
kululeeyso
balanza de cocina
miisaan-yaraha jikada
tostadora
rooti-kululeeye
detergente
oomo
horno
burjiko
freezer
qaboojiye
tacho de basura
haan qashin
lavaplatos
maacuun-dhaqe

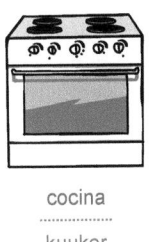

cocina

kuuker

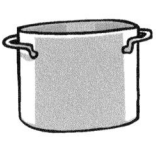

olla

dheri

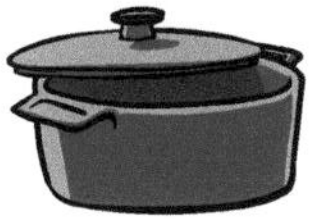

olla de hierro fundido

birtaawo

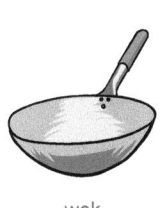

wok

birtaawo

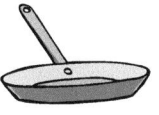

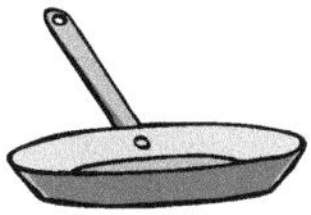

sartén

birtaawo

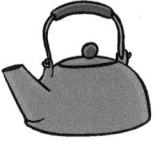

pava

kirli

vaporera

uumiye

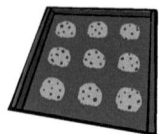

bandeja de horno

saxaarad dubista

vajilla

maacuun

taza

bakeeri

bol

baaquli

palitos

qoryo wax lagu cuno

cucharón

malqacad

estpátula

qaado

batidora

folow

colador

miire

colador

shashaq

rallador

qudaar-jare

mortero

mooye

parrilla

hilib-sol

fogata

dab

tabla de picar

alwaaxa wax-jar-jarka

palo de amasar

ul jabaati

sacacorchos

guf-saare

lata

gasac

abrelatas

gasac-fure

manopla

istaraasho-jiko

pileta

saxanka-alaab-dhaqa

cepillo

caday

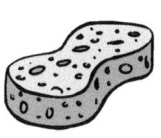

esponja

isbuunyo

batidora

shiide

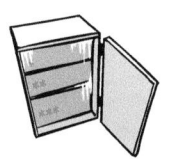

congelador

qaabojin qoto-dheer

mamadera

masaasad

canilla

tuubbo

baño

musqul-qubeys

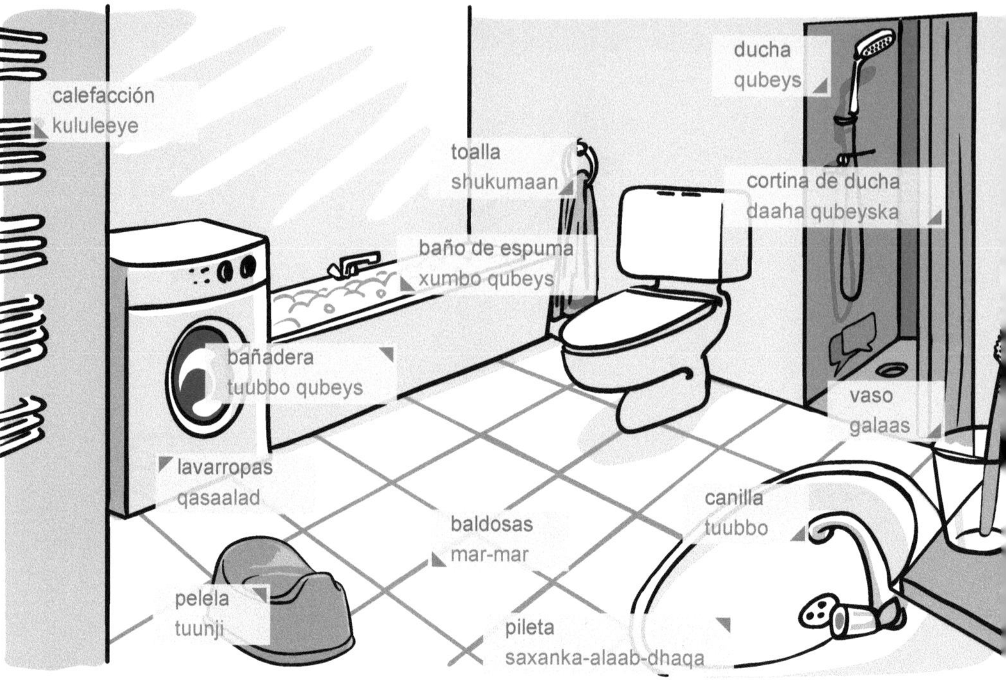

calefacción
kululeeye
toalla
shukumaan
ducha
qubeys
cortina de ducha
daaha qubeyska
baño de espuma
xumbo qubeys
bañadera
tuubbo qubeys
vaso
galaas
lavarropas
qasaalad
canilla
tuubbo
baldosas
mar-mar
pelela
tuunji
pileta
saxanka-alaab-dhaqa

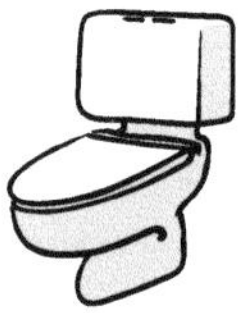

inodoro

musqul

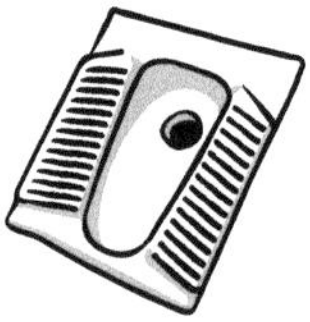

letrina

musqusha fadhiga

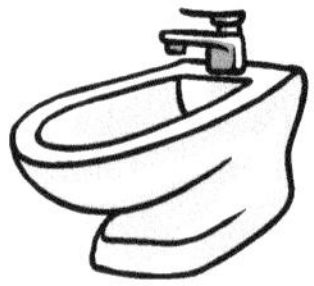

bidé

siin

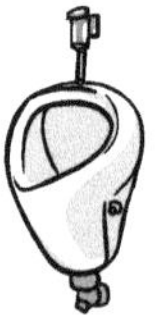

mingitorio

weel kaadi

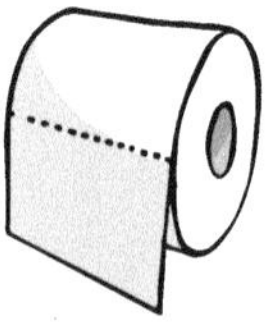

papel higiénico

tiish musqul

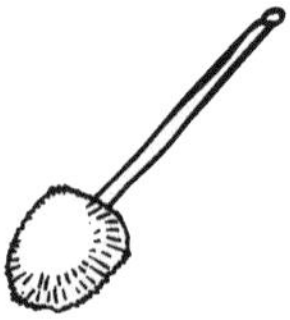

cepillo para el inodoro

burushka musqusha

cepillo de dientes
caday

dentífrico
daawo caday

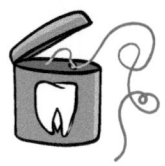

hilo dental
dunta ilka farashada

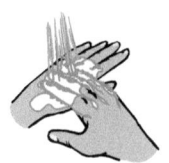

lavar
dhaq

ducha de mano
gacan qubeys

ducha higiénica
tuubo-musqul

palangana
beeshin

cepillo para espalda
burush-qubeys

jabón
saabuun

gel de ducha
shaambo

shampoo
shaambo

toallita
cago-saar

desagüe
biyo-saare

crema
kareem

desodorante
carfiso

espejo

muraayad

espejito

muraayad gacmeed

maquinita de afeitar

sakiin

espuma de afeitar

xumbada xiirashada

aftershave

daawo gar-xiir

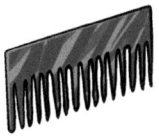

peine

shanlo

cepillo

burush

secador de pelo

fooneeye

spray

timo-buufis

maquillaje

waji-qurxiye

lápiz de labios

rooseeto

esmalte para uñas

cidiyo-nadiifiye

algodón

dun

tijera para uñas

cidiyo-jar

perfume

baarafuun

portacosméticos

boorso-wajidhaq

banqueta

saxaro

balanza

miisaan culays

bata

dhar-qubeys

guantes de goma

gacma gashi cinjir

tampón

tambooni

toallita femenina

tiimshe

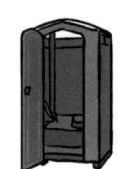

baño químico

musqul kiimiko

cuarto de los chicos
qolka ilmaha

despertador
saacadda dhawaaqda
peluche
boombale caruur
coche de juguete
baabuur caruureed
sonajero
sanqadh
casa de muñecas
guriga caruusada
regalo
hadiyad

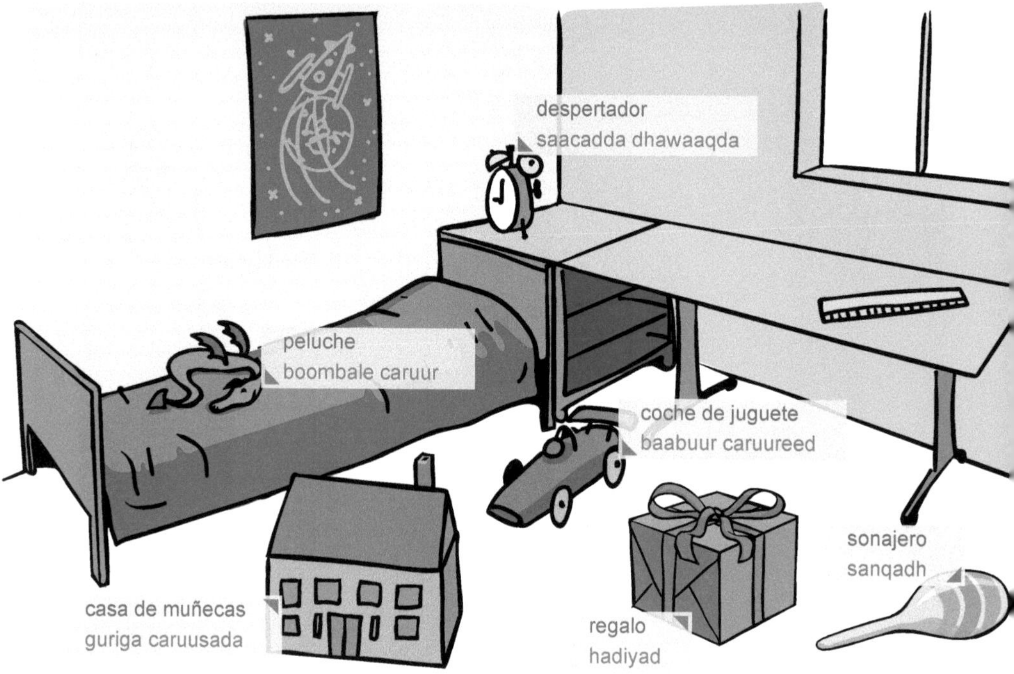

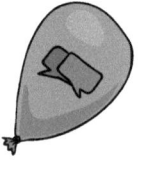

globo

buufin

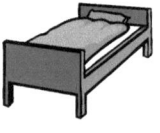

cama

sariir

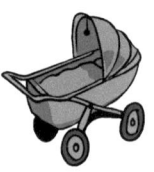

cochecito

gaariga caruurta

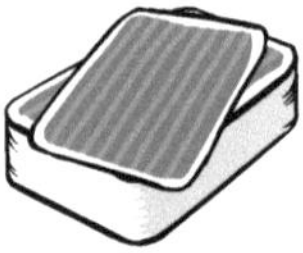

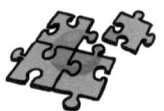

cartas

turub

rompecabezas

miinshaar

SUPER
MEGA

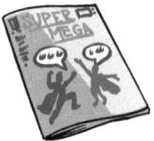

historieta

maad

piezas de lego

bulkeeti boombale ah

ladrillos de juguete

tooy

figura de acción

sanam

enterito (de bebé)

isku-jooga dhallaanka

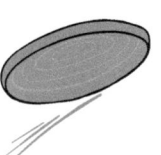

frisbee

aalad cayaar

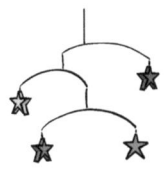

móvil para bebés

moobaayl

juego de mesa

khamaar

dados

laadhuu

tren eléctrico

moodo tareen

chupete

boombale

fiesta

xaflad

libro de cuentos ilustrado

buug sawirro

pelota

kubbad

muñeca

boombale

jugar

cayaar

arenero
dhoobo-dhoobeey

hamaca
wiifoow

juguetes
alaab-alaabeey

consola de videojuegos
geemka gacanta laga hago

triciclo
baaskiil

osito de peluche
boombale

armario
armaajo dhar

ropa
dhar

medias
sigisaan

medias panty
sigsaan haween

calzas
surwaal-dhuuqsan

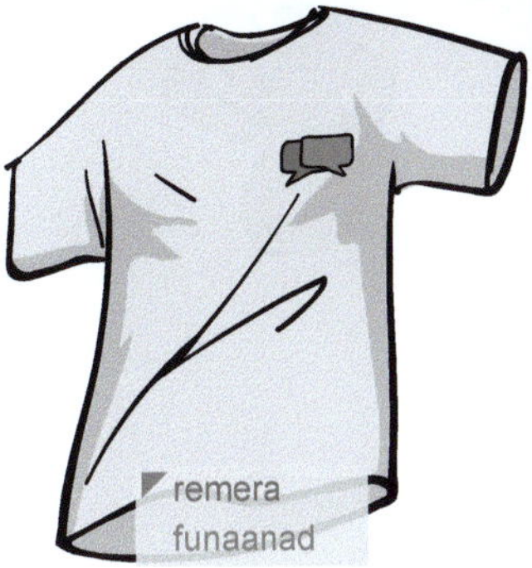

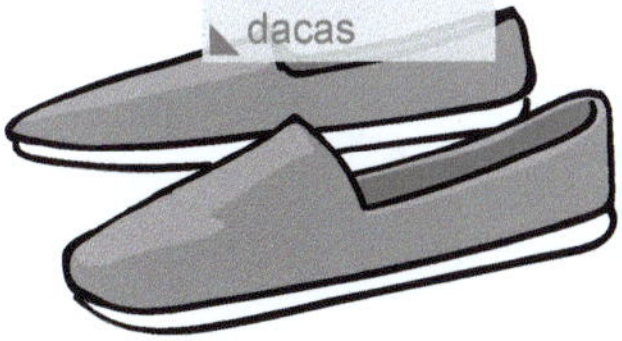

bufanda
masar

paraguas
dallad

remera
funaanad

cinturón
suun

botas
kabo buud

pantuflas
dacas

zapatillas
kabo tababar

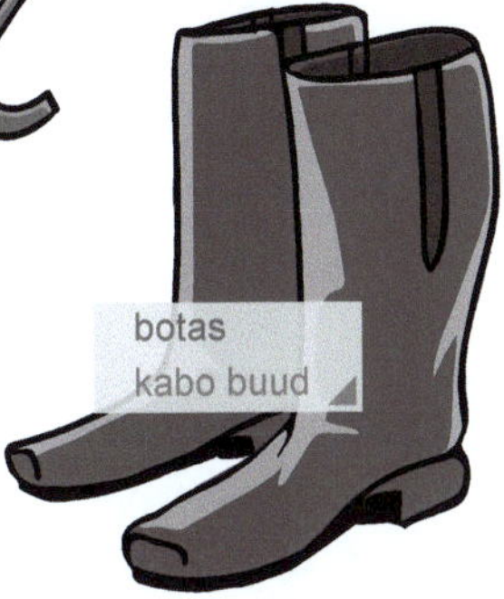

sandalias
....
saandalo

zapatos
....
kabo

botas de goma
....
kabo roob

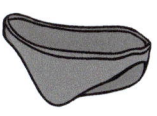

ropa interior
....
hoos-gashi

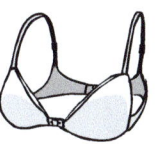

corpiño
....
rajabeeto

chaleco
....
garan

body
jir

pantalones
surwaal

jeans
surwaal jeenis

pollera
goono

blusa
canbuur

camisa
shaati

pulóver
funaanad-dhaxameed

buzo
garan dhaxameed

blazer
jaakad fudud

campera
jaakad

tapado
koodh

piloto
koodhka roobka

traje
dhar-munaasabadeed

vestido
labbis

vestido de novia
lebbis aroos

traje

suut

camisón

dhar-hurdo

pijama

bajaamo

sari

saari

pañuelo para cabeza

masar

turbante

cimaamad

burka

cabaayad

caftán

saako

abaya

cabaayad

traje de baño

dharka-dabaasha

short de baño

dabo-gaabyo

shorts

surwaal-dabagaab

jogging

taraak-suut

delantal

dufan-dhowr

guantes

gacmo gashi

botón
galluus

anteojos
ookiyaale

pulsera
jijin

collar
silis

anillo
faraati

aro
dhego dhego

gorra
koofiyo

percha
katabaan

sombrero
koofiyad

corbata
garabaati

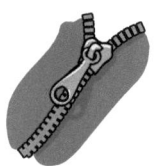

cierre
jiinyeer

casco
helmed

tiradores
ilko-reeb

uniforme escolar
direes dugsi

uniforme
direes

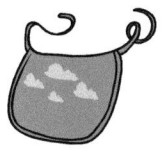

babero

cayo-dhowr

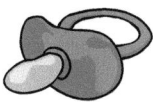

chupete

boombale

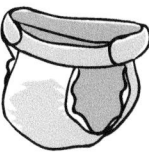

pañal

maro-dufeed

oficina
xafiis

servidor
khad-bixiye
archivero
armaajo feylal
impresora
daabace
papel
warqad
monitor
shaashad
mouse
hage kombuyuutar
escritorio
miis
carpeta
gal
teclado
teeb-kombuyuutar
tacho (de basura)
haan qashin-gur
computadora
kombuyuutar
silla
kursi

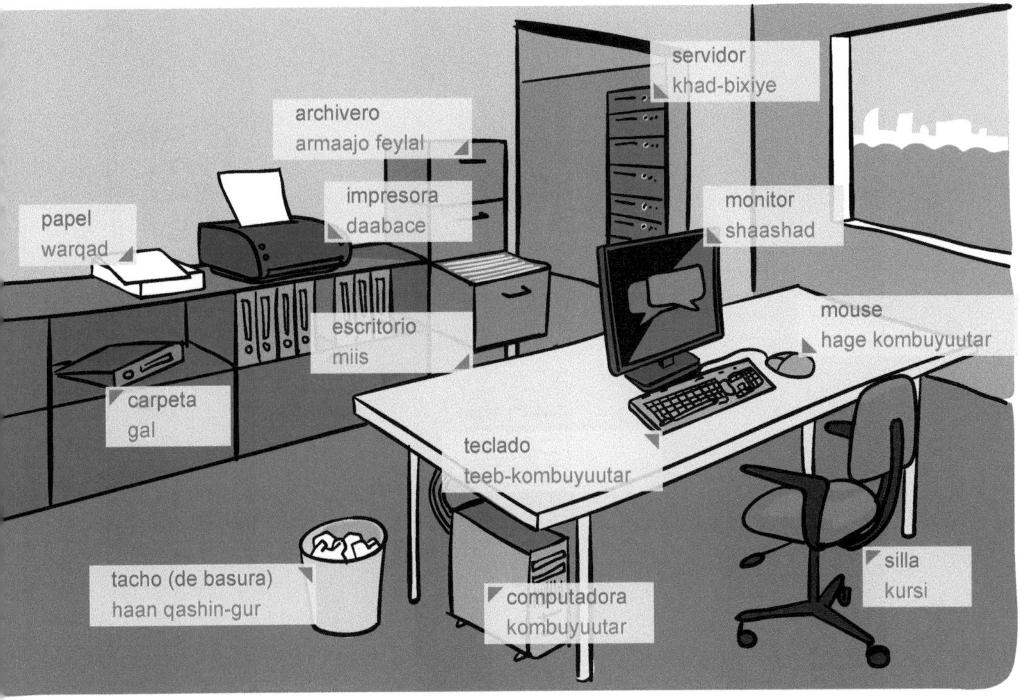

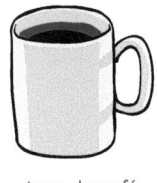

taza de café

koob kafee

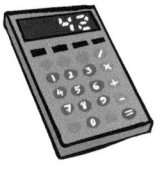

calculadora

kalkuleytar/xisaabiye

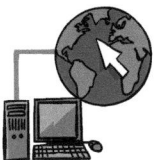

internet

internet

laptop
laabtoob

carta
bakhshad

mensaje
fariin

celular
moobaayl

red
shabakad-kombuyuutar

fotocopiadora
footokoobi

software
barnaamij-kombuyuutar

teléfono
telefoon

tomacorriente
god koronto

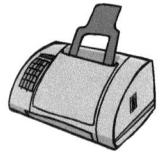

fax
mishiinkan fax-ka

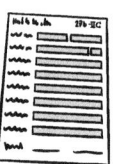

formulario
foomka

documento
dokumenti

comprar
iibso

pagar
bixi

hacer negocios
ganacso

dinero
lacag

dólar
doollar

euro
yuuro

yen
yenka jabbaan

rublo
robolka ruushka

franco suizo
Franka iswiiska

yuan
lacagta shiinaha

rupia
rubiyada hindiga

cajero automático
maqal

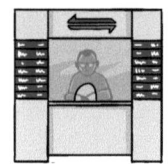

casa de cambio

xafiiska sarrifaka lacagaha

oro

dahab

plata

qalin

petróleo

shidaal

energía

tamar

precio

qiime

contrato

qandaraas

impuesto

canshuur

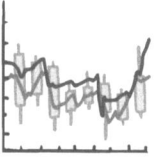

acción

raasumaal

trabajar

shaqee

empleado

shaqaale

empleador

shaqaaleysiiye

fábrica

warshad

negocio

dukaan

economía - dhaqaalaha

ocupaciones
shaqooyin

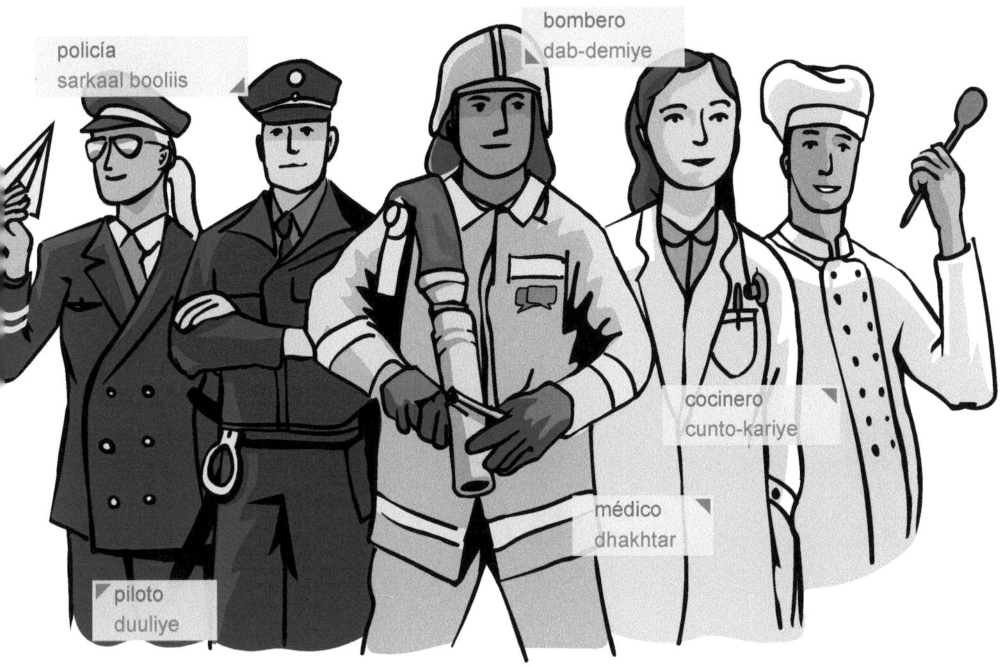

policía
sarkaal booliis
bombero
dab-demiye
cocinero
cunto-kariye
médico
dhakhtar
piloto
duuliye

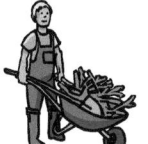

jardinero

beeralley

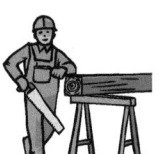

carpintero

nijaar

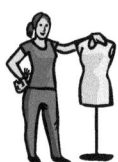

modista

timo-qurxiso

juez

qaaddi

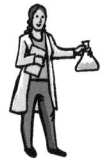

farmacéutico

farmashiiste

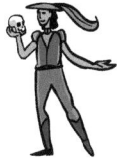

actor

jile

colectivero

darawal bas

taxista

taksiile

pescador

kalluumeyste

mucama

nadiifiso

techista

saqaf-dhise

mozo

kabalyeeri

cazador

ugaarsade

pintor

rinjiile

panadero

rooti-dube

electricista

koronto-yaqaan

albañil

dhise

ingeniero

injineer

carnicero

kawaanle

plomero

tuubbiiste

cartero

boostaale

ocupaciones - shaqooyin

soldado

askari

arquitecto

injineer-dhismo

cajero

qasnaji

florista

ubax-yaqaan

peluquero

timo-jare

cobrador

kiro-uruuriye

mecánico

makaanik

capitán

kabtan

dentista

dhakhtar-ilko

científico

saaynisyahan

rabino

wadaad yahuud

imán

imaam

monje

xerow

sacerdote

wadaad

herramientas

qalab

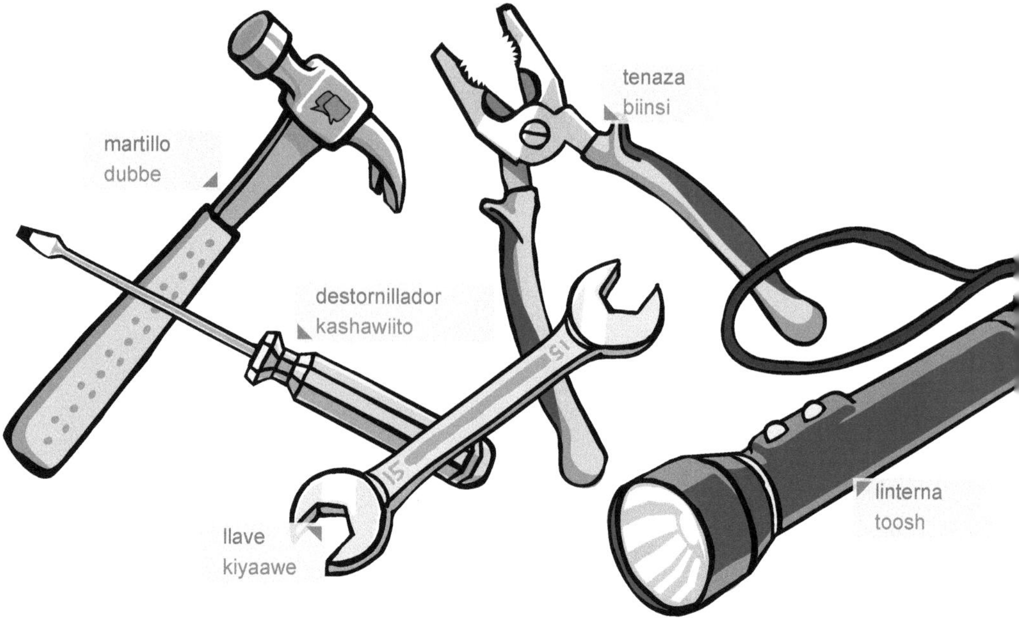
martillo
dubbe
tenaza
biinsi
destornillador
kashawiito
llave
kiyaawe
linterna
toosh

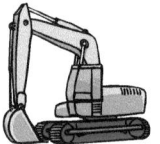

excavadora

dhul-qoddo

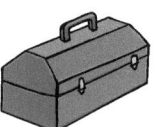

caja de herramientas

qalab-xajiye

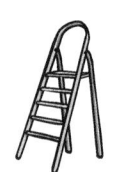

escalera portátil

jaraanjaro

sierra

miinshaar

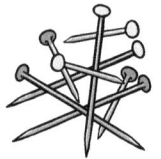

clavos

musbaarro

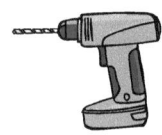

taladro

dalooliye

arreglar

dayactir

pala de jardín

badiil

¡Qué bronca!

inkaar kugu dhacday!

pala de plástico

bus-xaabiye

tacho de pintura

gasacad rinji

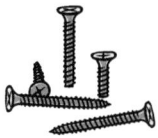

tornillos

boolal

instrumentos musicales
qalab muusiko

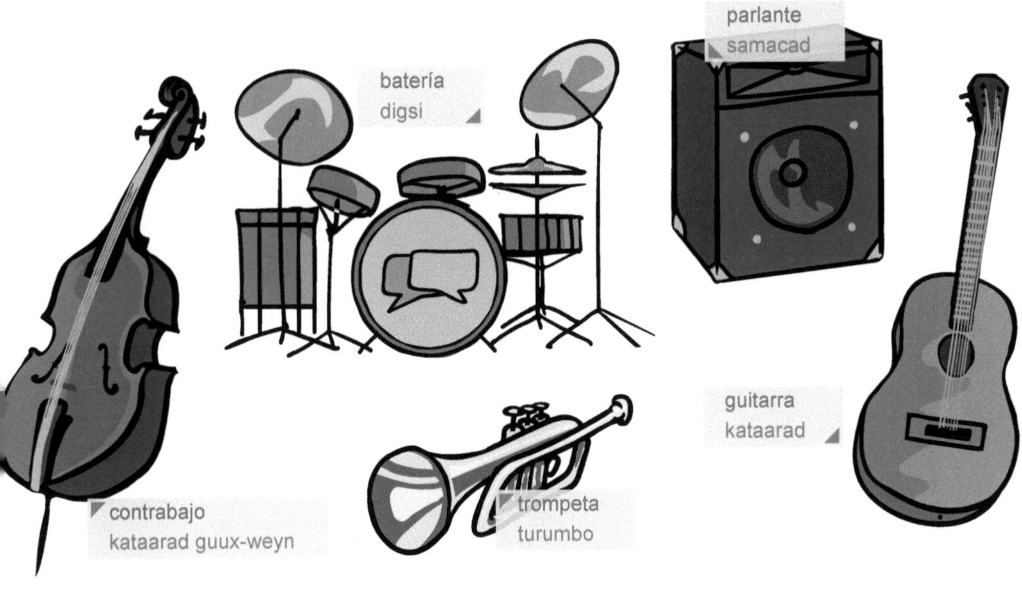

batería
digsi

parlante
samacad

guitarra
kataarad

contrabajo
kataarad guux-weyn

trompeta
turumbo

piano

biyaano

violín

fiyooliin

bajo

karaarad guux-dheer

timbales

durbaan-sheegagle

tambor

durbaan

teclado

loox-xarfeed-biyaano

saxofón

turumbo

flauta

siin-baar

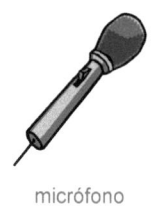

micrófono

makarafoon

zoológico

beer-xayawaan

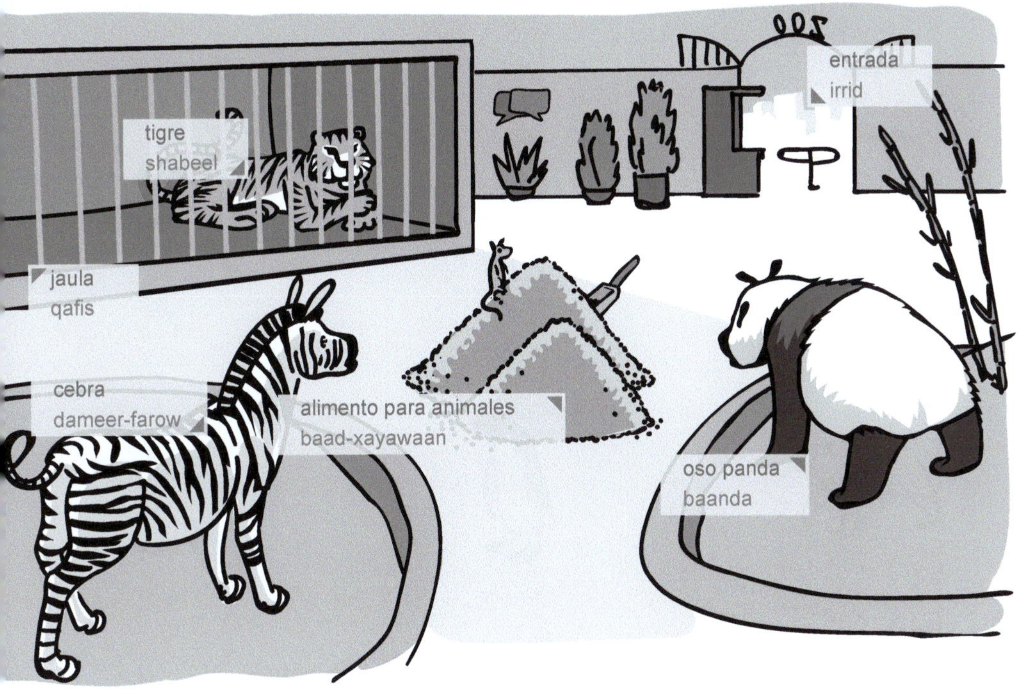
tigre
shabeel
entrada
irrid
jaula
qafis
cebra
dameer-farow
alimento para animales
baad-xayawaan
oso panda
baanda

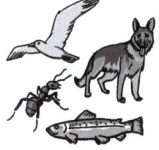

animales

xayawaan

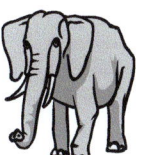

elefante

maroodi

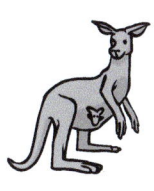

canguro

kaangaruu

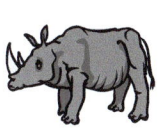

rinoceronte

wiyil

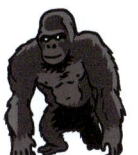

gorila

goriille

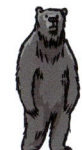

oso

oorso

camello

geel

avestruz

gorayo

león

libaax

mono

daanyeer

flamenco

xiita-luga-dheer

loro

baqbaqaa

oso polar

oorso baraf-ku-nool

pingüino

shimbir baraf

tiburón

libaax-badeed

pavo real

daa'uus

serpiente

mas

cocodrilo

yaxaas

cuidador del zoológico

beer-xayawaan ilaaliye

foca

bahal kalluun-cun

jaguar

shabeel-u-eke

poni

dhal faras

leopardo

harmacad

hipopótamo

jeer

jirafa

geri

águila

gorgor

jabalí

doofaar-jilibeey

pescado

kalluun

tortuga

qubo

morsa

maroodi-badeed

zorro

dawaco

gacela

deero

fútbol americano
kubadda-cagta maraykanka

ciclismo
tartanka bashkuleetiga

tenis
kubbadda miiska

básquet
kubbadda koleyga

natación
dabaal

boxeo
cayaarta feerka

hockey sobre hielo
hookiga barafka lagu dl

fútbol
....
kubadda cagta

bádminton
....
baadminton

atletismo
....
ciyaaraha fudud

handball
....
kubadda gacanta

esquí
....
iskii/ciyaarta barafka

polo
....
cayaar-faras

actividades
hawlo

saltar
boodid
abrazar
hab-siin
reír
qosol
caminar
soco
cantar
hees
soñar
riyo
rezar
duceyso
besar
dhunkasho

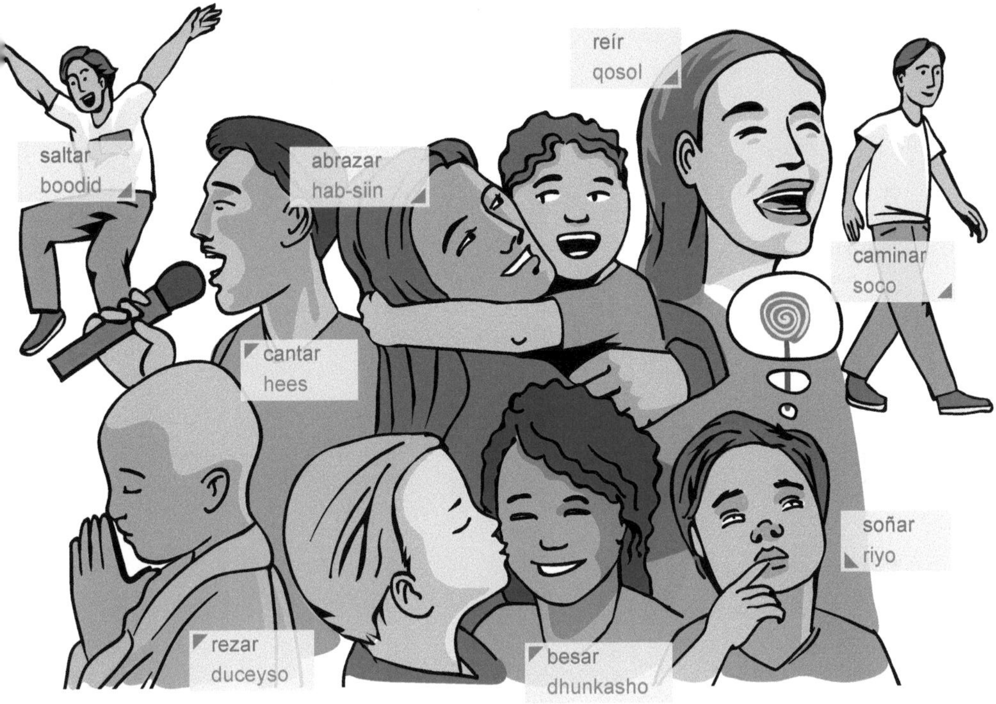

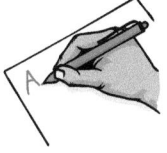

escribir

qorraxeed

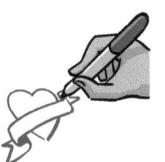

dibujar

masawirid

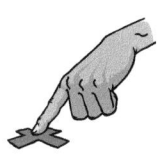

mostrar

muuji

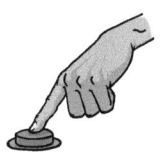

presionar

riix

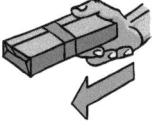

dar

sii

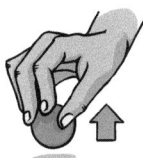

tomar

qaado

tener

haysasho

hacer

samee

ser

ahaansho

estar parado

istaag

correr

orod

tirar

jiid

tirar

tuur

caer

dhicid

estar acostado

been-sheegid

esperar

sug

llevar

qaad

estar sentado

fariiso

vestirse

labiso

dormir

seexo

despertar

toos

mirar

fiiri

llorar

ooy

acariciar

dhuftay

peinar

shanleyso

hablar

hadal

entender

faham

preguntar

weydii

escuchar

dhageysasho

beber

cab

comer

cun

ordenar

habee

amar

jacayl

cocinar

kari

manejar

kaxee

volar

duulid

navegar

shiraaco

calcular

xisaabi

leer

akhri

aprender

barasho

trabajar

shaqee

casarse

guurso

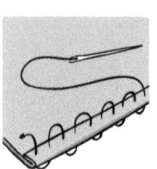

coser

tol

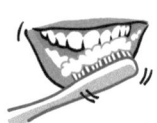

cepillarse los dientes

cadayso

matar

dilid

fumar

sigaar cab

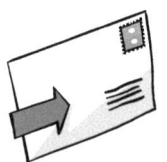

enviar

dir

familia

qoys

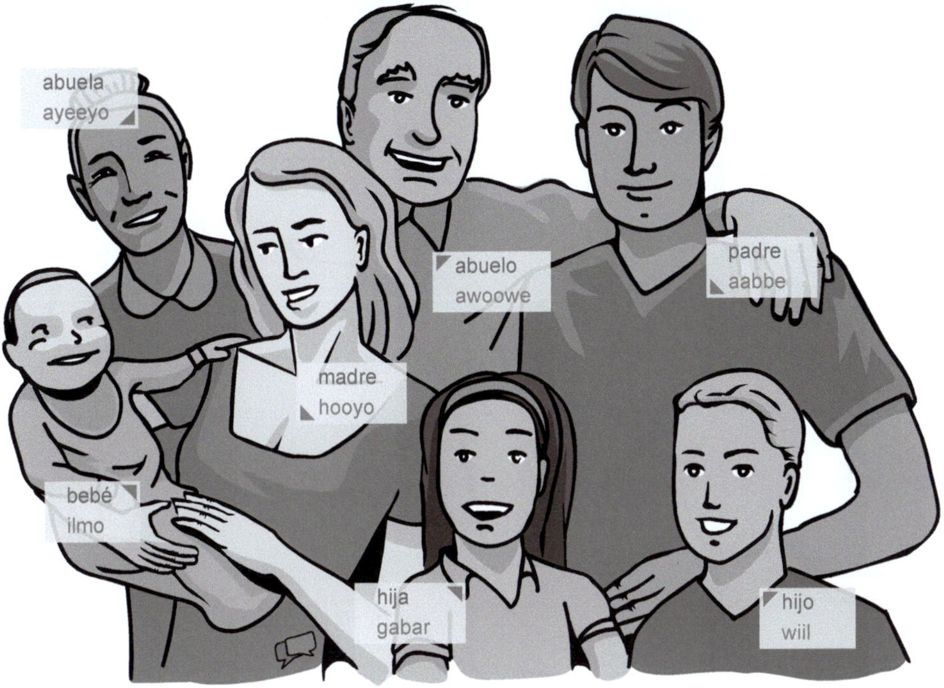
abuela
ayeeyo
abuelo
awoowe
padre
aabbe
madre
hooyo
bebé
ilmo
hija
gabar
hijo
wiil

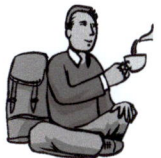

invitado

marti

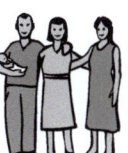

tía

eeddo

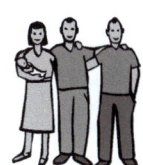

tío

adeer

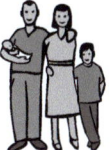

hermano

walaal rag

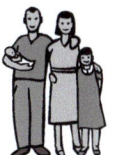

hermana

walaal dumar

cuerpo

jir

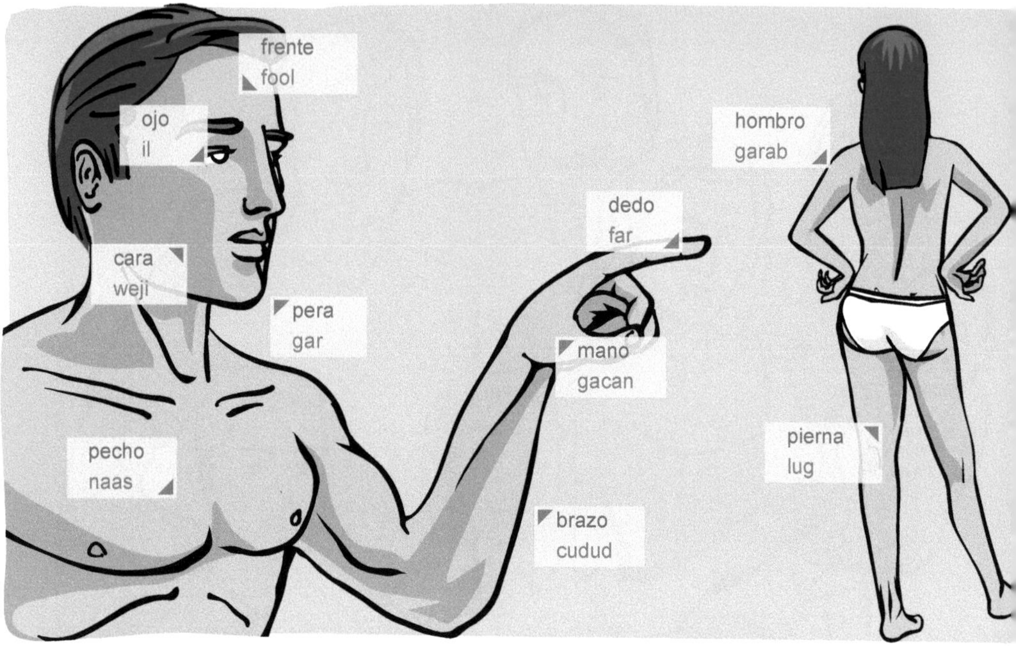

frente
fool
ojo
il
hombro
garab
dedo
far
cara
weji
pera
gar
mano
gacan
pierna
lug
pecho
naas
brazo
cudud

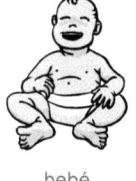

bebé

ilmo

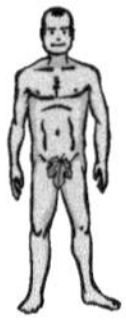

hombre

nin

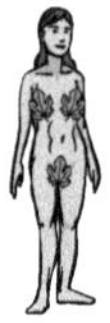

mujer

naag

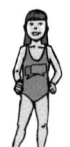

nena

gabar

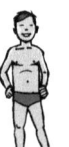

nene

wiil

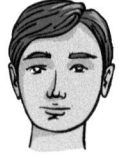

cabeza

madax

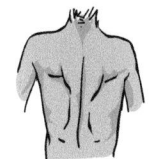

espalda

dhabar

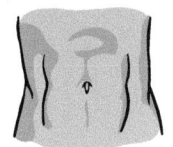

panza

calool

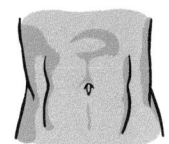

ombligo

xuddun

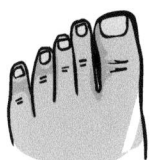

dedo del pie

suul

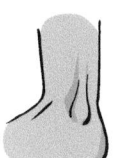

talón

cirib

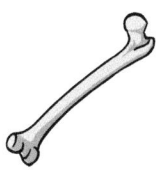

hueso

laf

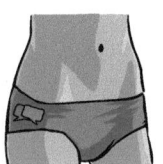

cadera

sin

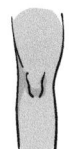

rodilla

jilib

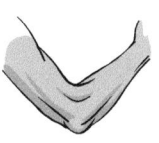

codo

xusul

nariz

san

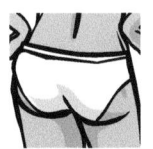

cola

bari

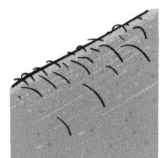

piel

maqaar

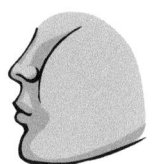

cachete

dhafoor

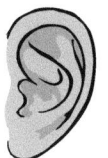

oreja

dheg

labio

bishin

boca

af

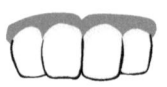

diente

ilig

lengua

carrab

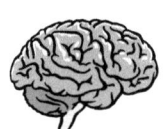

cerebro

maskax

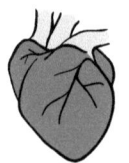

corazón

wadno

músculo

muruq

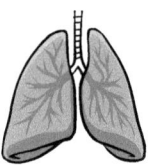

pulmón

sambab

hígado

beer

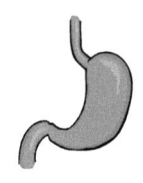

estómago

uur kujirta caloosha

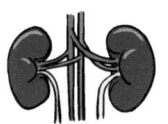

riñones

kelyo

sexo

galmo

preservativo

cinjir-galmo

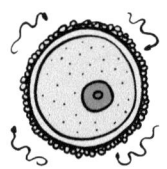

óvulo

ugxan

semen

shahwo

embarazo

uur

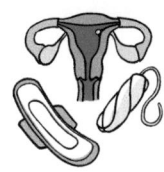

menstruación

caado

vagina

siil

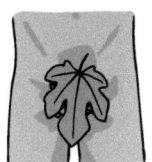

pene

gus

ceja

suni

pelo

timo

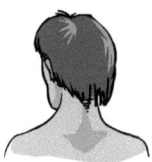

cuello

qoor

hospital
isbitaal

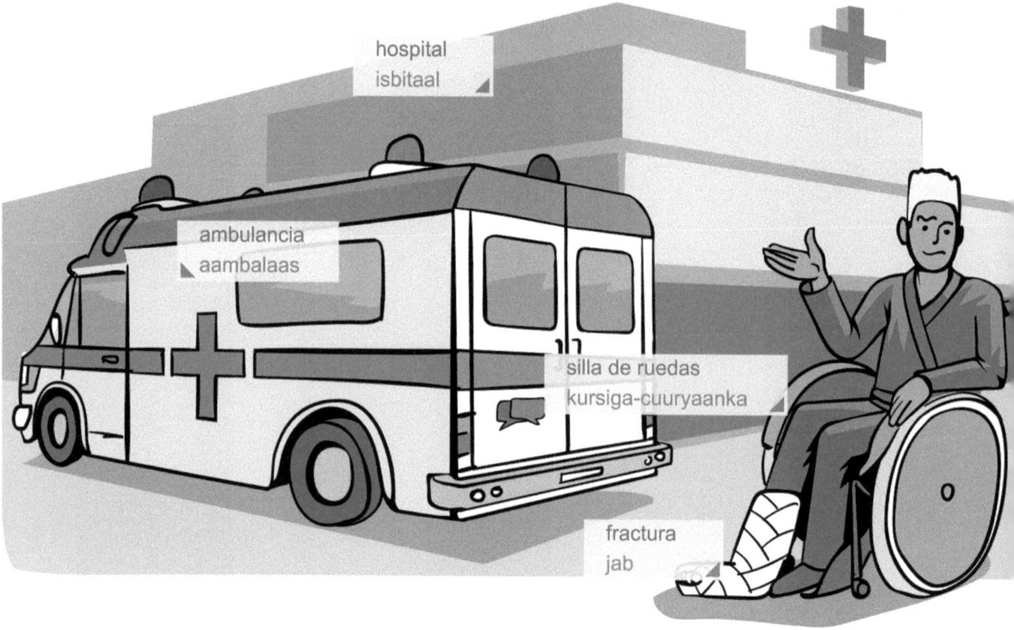

hospital
isbitaal
ambulancia
aambalaas
silla de ruedas
kursiga-cuuryaanka
fractura
jab

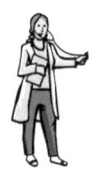

médico

dhakhtar

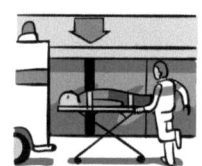

sala de guardia

qolka xaaladaha-degdega ah

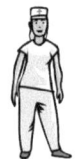

enfermera

kalkaaliye

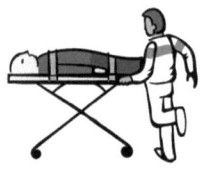

emergencia

xaalad deg-deg ah

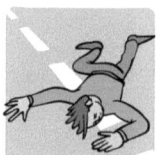

inconsciente

miyir-beelsan

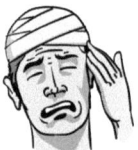

dolor

xanuun

lesión

dhaawac

hemorragia

dhiig-bax

infarto

wadno-xanuun

ACV

qallal

alergia

xasaasiyad

tos

qufac

fiebre

qandho

gripe

hargab

diarrea

shuban

dolor de cabeza

madax-xanuun

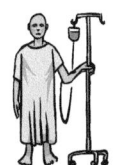

cáncer

kansar

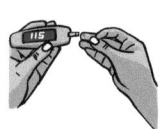

diabetes

cudurka sokoroow

cirujano

dhakhtarka-qalliinka

bisturí

mindida qalliinka

operación

qalliin

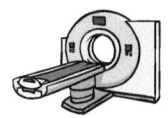

TC

iskaan

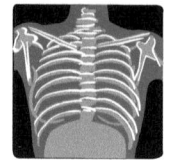

rayos x

raajo

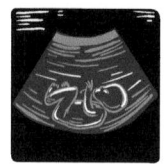

ecografía

dhawaaq-xawaareed

barbijo

maaskaro

enfermedad

cudur sokoroow

sala de espera

qolka sugitaanka

muleta

ul lagu boodo

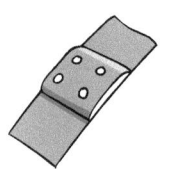

curita

kab

venda

faashato

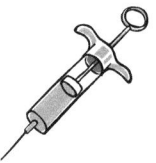

inyección

duris

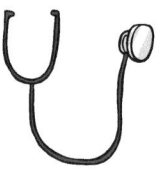

estetoscopio

wadne-dhegeyeste

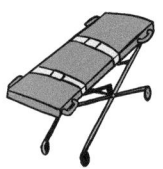

camilla

balankiino

termómetro

heer-kul-beega qandhada

nacimiento

dhalasho

sobrepeso

aad-u-cayilan

audífono

maqal-caawiye

desinfectante

jeermis-dile

infección

caabuq

virus

feyras

VIH / SIDA

AYDHIS/HIV

remedio

daawo

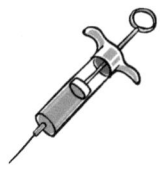

vacunación

tallaal

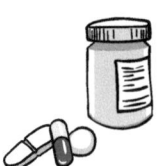

comprimidos

kaniiniyo

pastilla anticonceptiva

kaniin

llamada de emergencia

wicitaan deg-deg ah

tensiómetro

cabbiraha dhiig-karka

enfermo / sano

xanuunsan / caafimaadsan

¡Ayuda!

i caawiya!

alarma

sawaxan

agresión

weerar-kadisa ah

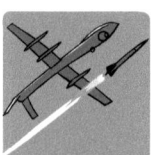

ataque

weerar

peligro

khatar

salida de emergencia

irridda bixida xaalad-deg-deg

¡Fuego!

dab!

matafuego

dab demiye

accidente

shil

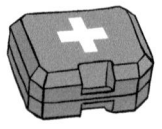

botiquín de primeros auxilios

saduuqa xaalada-degdega ah

SOS

codsi badbaado

policía

booliis

Europa

Yurub

América del Norte

woqooyiga ameerika

América del Sur

koonfurta ameerika

África

Afrika

Asia

Aasiya

Australia

Oostareeliya

Atlántico

Atlaantik

Pacífico

Pacific

Océano Índico

Bad-waynta hindiya

Océano Antártico

Bad-waynta antarctica

Océano Ártico

Bad-waynta arctic

polo norte

cirifka waqooyi

polo sur

cirifka koonfureed

Antártida

Antarctica

Tierra

dhul

tierra

dhul

mar

bad

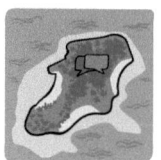

isla

jasiirad

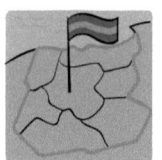

nación

waddan

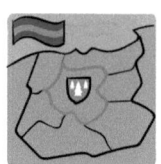

estado

gobol

esfera

wajiga saacadda

manecilla de las horas

gacanka saacada

minutero

gacanka daqiiqada

segundero

gacanka ilbiriqsiga

¿Qué hora es?

waa intee saac?

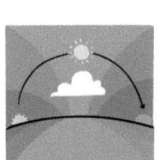

día

maalin

hora

wakhti

ahora

hadda

reloj digital

saacadda jiifarrada

minuto

daqiiqad

hora

saacad

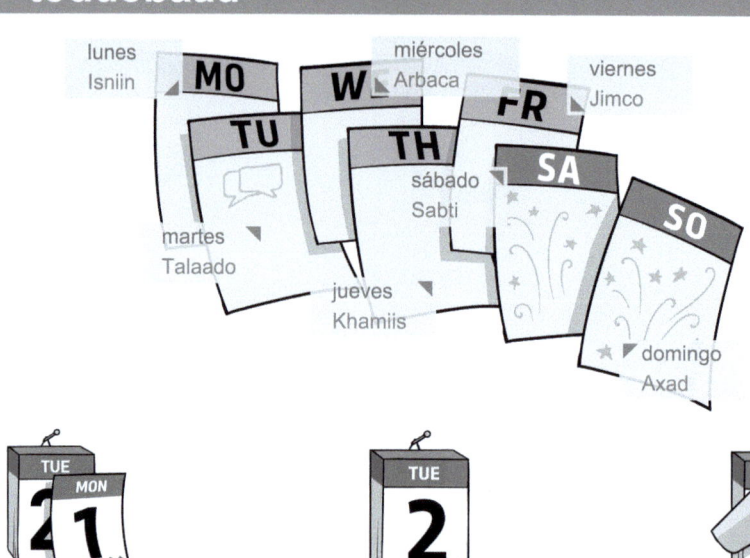

lunes
Isniin

MO

W miércoles
Arbaca

TU

TH

viernes
Jimco

FR

sábado
Sabti

SA

martes
Talaado

jueves
Khamiis

SO

domingo
Axad

ayer

shalay

hoy

maanta

mañana

berri

mañana

subax

mediodía

duhur

tarde

casir

días hábiles

maalmaha shaqo

fin de semana

dabayaaqada usbuuca

año

sanad

lluvia
roob
arco iris
qaanso-roobaad
nieve
roob-baraf
viento
dabayl
primavera
gu'
otoño
deyr
verano
xagaa
invierno
jiilaal

4.APRIL 11°
5.APRIL 4°
6.APRIL 13°
7.APRIL 8°
8.APRIL 10°

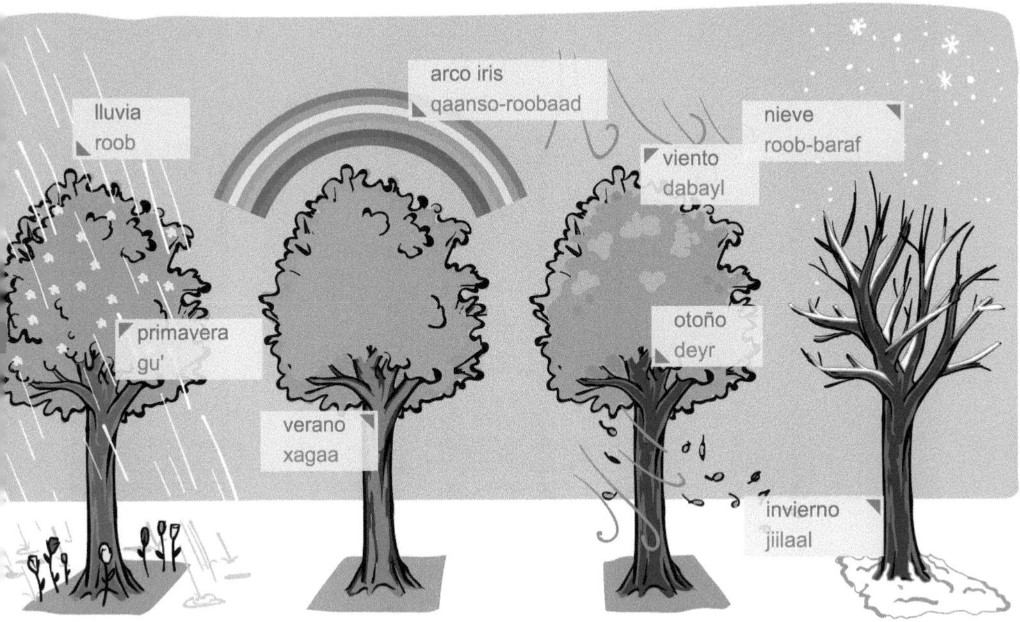

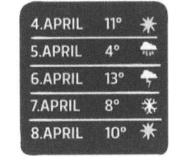

pronóstico meteorológico

saadaal hawo

F C
120 40
90 30
60 20
30 10
0 0
-30 -10
-20

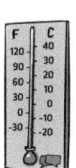

termómetro

heer-kul baare

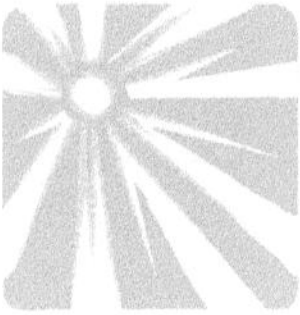

luz del sol

qorraxeed

nube

daruur

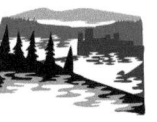

niebla

ceeryaamo

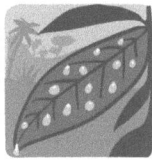

humedad

huur

rayo

jac

trueno

onkod

tormenta

duufaan

granizo

roob-baraf

monzón

maansuun

inundación

daad

hielo

baraf

enero

Jannaayo

febrero

Febraayo

marzo

Maarso

abril

Abriil

mayo

Mey

junio

Juun

julio

Luulyo

agosto

Agoosto

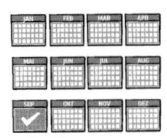

septiembre
....
Sebteember

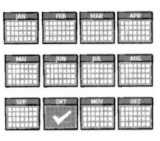

octubre
....
Oktoobar

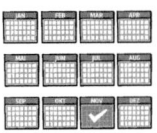

noviembre
....
Nofeember

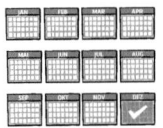

diciembre
....
Diseember

formas
qaababka

círculo
....
goobaabo

cuadrado
....
afar-gees

rectángulo
....
leydi

triángulo
....
saddex-xagal

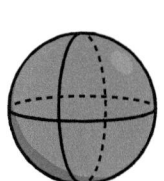

esfera
....
wareeg

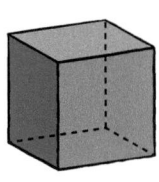

cubo
....
bokis

blanco
caddaan

amarillo
hurdi

naranja
oranji

rosa
guduud-khafiif

rojo
casaan

violeta
carwaajis

azul
bluug

verde
cagaar

marrón
boroon

gris
cawl

negro
madow

mucho / poco

badan / yar

enojado / tranquilo

caro / daganaan

lindo / feo

qurxoon / foolxun

principio / fin

billow / dhammaad

grande / chico

yar / weyn

claro / oscuro

iftiin / mugdi

hermano / hermana

walaalkaa / walaashaa

limpio / sucio

nadiif / wasakhaysan

completo / incompleto

buuxa / dhantaalan

día / noche

maalin / habeen

muerto / vivo

dhintay / nool

ancho / angosto

ballaaran / ciriiri ah

comestible / no comestible

la cuni karo / aan la cuni karin

malo / amable

arxan-daran / naxariis-badan

entusiasmado / aburrido

faraxsan / caajisan

gordo / flaco

buuran / caateysan

primero / último

ugu horeeya / ugu dambeeya

amigo / enemigo

saaxiib / cadaw

lleno / vacío

maran / buuxa.

duro / blando

adag / jilicsan

pesado / liviano

culus / fudud

hambre / sed

gaajo / oon

enfermo / sano

xanuunsan / caafimaadsan

ilegal / legal

sharci-darro / sharci

inteligente / estúpido

caaqil / dabbaal

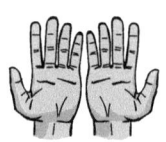

izquierda / derecha

bidix / midig

cerca / lejos

dhow / fog

nuevo / usado

cusub / duug

nada / algo

waxba / wax

viejo / joven

da' / dhalinyar

encendido / apagado

daaris / damin

abierto / cerrado

furan / xiran

silencioso / ruidoso

aamusnaan / cod-dheer

rico / pobre

taajir / sabool

correcto / incorrecto

sax / khalad

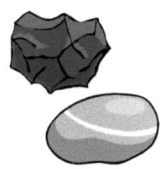

áspero / suave

jilif leh / sabiibax

triste / contento

murugsan / faraxsan

corto / largo

gaaban / dheer

lento / rápido

tartiib / dhaqsi

mojado / seco

qoyaan / qalleyl

caliente / frío

qandac / qabow

guerra / paz

dagaal / nabad

0

cero

eber

1

uno

kow

2

dos

laba

3

tres

saddex

4

cuatro

afar

5

cinco

shan

6

seis

lix

7

siete

toddoba

8

ocho

sideed

9

nueve

sagaal

10

diez

toban

11

once

kow iyo toban

12

doce
laba iyo toban

13

trece
sadex iyo toban

14

catorce
afar iyo toban

15

quince
shan iyo toban

16

dieciséis
lix iyo toban

17

diecisiete
todoba iyo toban

18

dieciocho
sideed iyo toban

19

diecinueve
sagaal iyo toban

20

veinte
labaatan

100

cien
boqol

1.000

mil
kun

1.000.000

millón
malyuun

inglés

Af ingiriis

inglés americano

Ingiriiska Mareykanka

chino mandarín

Mandariinka Shiinaha

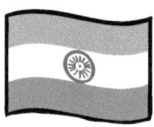

hindi

Hindi

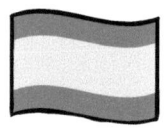

español

Boortaqiis

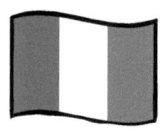

francés

Faransiis

árabe

Carabi

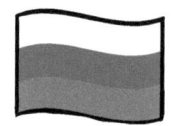

ruso

Ruush

portugués

Boortaqiis

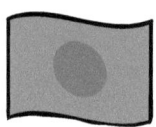

bengalí

Bengaali

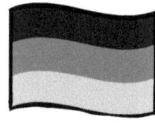

alemán

Jarmal

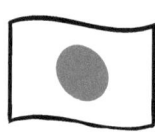

japonés

Jabaaniis

yo

aniga

vos

adiga

él / ella

asaga / ayada

nosotros

annaga

ustedes

idinka

ellos

ayaga

¿quién?

kee?

¿qué?

maxay?

¿cómo?

sidee?

¿dónde?

xagee?

¿cuándo?

goorma?

HELLO, I AM

nombre

magac

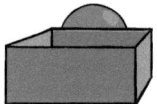

detrás

gadaal

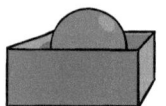

en

gudaha

adelante de

horta

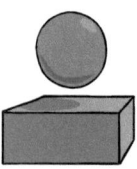

por encima de

ka sare

sobre

dusha

debajo de

ka hooseeya

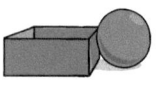

al lado de

dhinac

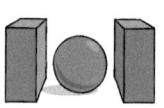

entre

u dhexeeya

lugar

meel